ありのままの私で人づきあいが楽になる366の質問

たぐちひさと

SB Creative

まえがき

友達、カップル、夫婦、親子、上司部下など、様々な人間関係がありますが、自分の思うようにコミュニケーションをとることができず、悩んでいる人は多いです。ときには、出会った頃は好きだったのに嫌いになったり、意見がぶつかって会わなくなったり、突然相手がいなくなるといった悲しい別れを経験することもあります。

別れる原因としてよく「価値観の違い」があげられますが、本当の問題ではありません。そもそも人の価値観は違うもの。誰一人として、自分と全く同じ価値観を持っている人に出会うことはありません。

人間関係で大切なのは、価値観が違ったときに、相手の価値観を受け入れ、歩み寄れるか。もしも、本当に自分から相手に歩み寄り、関係が改善されないのであれば、相手に問題があるか、その人とご縁がなかったのかもしれません。そのときは、相手から離れることで幸せになることもあります。

とはいえ、意外と自分自身が何を大切にしているかわかっていない人も多く、自分の価値観を相手に伝えられないこともあります。また、相手に遠慮したり、質問することが得意ではなく、大切な人の価値観を知ることさえできない人もいます。

本書では、1ページにつき、自分および相手の価値観について知ることができる3つの質問を掲載したワークシートが収録されています。質問のテーマは好み、過去など答えやすい内容から始まり、時間の使い方、交友関係、将来など多岐にわたります。また、自分についてだけではなく、相手について考える質問もあります。

お互いに同じ質問に答えれば、相手について理解を深めることができます。もしも一緒にワークシートに取り組めない場合があっても、自分について理解を深めることができます。相手にワークシートに取り組んで頂かなくても、関係を良くしたい相手を想定して記入するのもよいです。相手についてよく知らないことに気づかされるかもしれません。

本書で自分の考えを記録することで、自分が大切にしていることに気づき、相手の大切にしていることにも気づき、お互いが尊重しながら幸せに過ごせることを願っています。

たぐちひさと

ワークシート記入方法について

まずは質問順に思いついたことを「私」の欄に記入ください。もしも回答が思い浮かばないときは、無理して考える必要はありません。時間をおいてから回答しましょう。回答できない場合を想定し、ワークシートの隣にインスタグラムで好評だった質問に関連する言葉を収録しています。60万人以上のフォロワーからこのような感想を頂いています。

「心に響く、心が軽くなる、そんな言葉であふれ、読んでいて幸せな気持ちになれます」

「今、母娘関係で悩んでいますが、いつも本当に助けられています」

「生きることに意味を見出せずにいましたが、日々綴《つづ》られる言葉が励ましになっています」

３６６の質問すべてに回答したら、友達、恋人、子供、親などの相手に記入した本を渡し、ワークシートの質問に回答してもらいます。「相手」の欄にすべて記入してもらったら、２人でお互いの回答を見ながら振り返りましょう。同じ回答であれば価値観が同じことがわかり、もし異なる回答をしているのであれば、回答した背景や理由について話し合うのもよいです。相手をより深く知ることができます。また、最初から相手と一緒にワークシートに取り組むのもおすすめです。お互いにワークシートの質問をしあうだけで、会話が盛り上がり、相手の意外な一面や大切にしていることを知ることができるかもしれません。

Q004

あなたが好きな食べものは?

私　アイスクリーム、モンブラン、いちご

まずは自分から記入し、
その後に相手が記入

相手　ウニ、大トロ、焼肉

例 卵かけご飯、お肉、サバの味噌煮

Q005

あなたが苦手な食べものは?

私　辛い物、ブロッコリー

相手　甘い物

相手に記入してもらうのが
難しければ、自分で想像し
て書くのもよい

例 お刺身、パクチー

Q006

食べるだけで笑顔になるものは?

私　アイスクリーム

他の質問の回答と同じ回答
でも大丈夫

相手　大トロ

例 甘いもの、焼肉

ありのままの私で人づきあいが楽になる366の質問 Contents

1章

「I」
私について考える

Q001
一番オススメな本・漫画は?

私

相手

例『きっと明日はいい日になる』、『SLAM DUNK』

Q002
一番オススメな映画・ドラマは?

私

相手

例「フォレスト・ガンプ」、「梨《イ》泰《テ》院《ウォン》クラス」

Q003
一番オススメなアプリもしくはYouTubeチャンネルは?

私

相手

例 楽天マガジン、capcut、ベビレポ

Favorites

価値観が似てても
相手が同じものを
好きになるとはかぎらない
違いを楽しむこと

Q004
あなたが好きな食べものは?

私

相手

例 卵かけご飯、お肉、サバの味噌煮

Q005
あなたが苦手な食べものは?

私

相手

例 お刺身、パクチー

Q006
食べるだけで笑顔になるものは?

私

相手

例 甘いもの、焼肉

Favorites

世間とずれているか
気にするよりも
自分の気持ちと
ずれていないか
考えること

Q007
毎日欠かさず食べているのは?

私

相手

例 納豆、バナナ、ライ麦

Q008
あなたの得意料理は?

私

相手

例 野菜炒め、チャーハン

Q009
あなたがよく行く飲食店は?

私

相手

例 町中華、スターバックス

Favorites

付き合う前から
価値観が合うかどうか
考えないこと
あとから
すり合わせればいい

Q010
一番怖いものは?

私

相手

例 人間、病気、死

Q011
一番苦手なものは?

私

相手

例 虫、図々しい人

Q012
すでに克服した苦手なことは?

私

相手

例 野菜を食べること、人前で話す

Favorites

結果ばかり
気にしていると
楽しくなくなる
上手くやるより
楽しむこと

Q013
長年愛用しているものは?

私

相手

例 鏡、マグカップ、フットヒーター

Q014
他人にオススメしたいものは?

私

相手

例 マッサージガン、mont-bellのブランケット

Q015
あなたのラッキーアイテムは?

私

相手

例 掃除機、腕時計

Favorites

運をつかむ人

まわりの目を気にせず
失敗は当たり前に思い
挑戦することに抵抗がなく
新しいことを取り入れ
自分を過小評価しない
感情に振り回されず
まわりに振り回されず
素直に吸収でき
幸せを感じるのが上手で
いつも笑顔で過ごし
自分を大切にするのが
運をつかむ人

Q016
なぜか妙に惹かれてしまうものは?

私

相手

例 ドキュメンタリー番組の出演者、他人の孫の動画

Q017
あなたの思い出の曲は?

私

相手

例 宇多田ヒカル「First Love」、DREAMS COME TRUE「何度でも」

Q018
聴くだけで元気になる曲は?

私

相手

例 Mrs. GREEN APPLE「僕のこと」、back number「水平線」

Favorites

一瞬でも
笑顔は力を与え
一瞬でも
褒め言葉は自信を与え
一瞬でも
勇気は未来を変える

Q019
何度見ても飽きないものは？

私

相手

例 子供の笑顔、犬の動画

Q020
あるだけで癒されるものは？

私

相手

例 1人の時間、お酒、お風呂

Q021
あなたをやる気にさせるものは？

私

相手

例 お金、褒め言葉、夢

Favorites

気づくだけ

失敗は自分の器を広げ
苦しみは有難みを教え
悩みは弱さと向き合わせ
痛みは限界を気づかせてくれる
感謝は運を引き寄せ
知識は余裕を生み出し
行動は可能性を広げる
人生に無駄なことはなく
必要なものは
すべて揃っている
あとは気づくだけ

Q022
何に面白さを感じますか？

私

相手

例 ドラマの伏線回収、自分ができないこと

Q023
何をしているときが楽しいですか？

私

相手

例 1人で好きなドラマを見ているとき

Q024
やめられない楽しみは？

私

相手

例 運動してお腹を空かせてから食事すること

Favorites

いくつになっても

わかったつもりの
大人にならない
ものわかりがよい
大人にならない
いくつになっても
目を輝かせて
何事も面白がるように

Q025
人生で一番シンプルな楽しみは？

私

相手

例 寝ること、猫をなでる

Q026
最も楽しいときは？

私

相手

例 アイデアを思いついたとき、ディズニーランドにいるとき

Q027
誰と一緒にいると楽しいですか？

私

相手

例 両親、Nさん

Favorites

人生を楽しむ人

うまくいっても
みんなのおかげだと思い
うまくいかなくても
大丈夫だと思い
壁にぶつかっても
ありがたいと思い
失敗しても勉強だと思う
何事も感謝する人が
人生を楽しめる

Q028
あなたの得意なことは？

私

相手

例 速読、アクセサリー作り

Q029
あなたができないことは？

私

相手

例 お世辞、野球の球を速く投げること

Q030
時間をかけてできたことは？

私

相手

例 言葉を綴る、英語

Inside

できないことを
認められるのが
できるようになる
初めの一歩

Q031

周りからはどんな人だと言われますか？

私

相手

例 変わっている、真面目

Q032

あなたが人と違うところはどこですか？

私

相手

例 空気を読まない、現状に満足しない

Q033

両親はあなたをどんな人と説明しますか？

私

相手

例 ワガママ、努力する人

Inside

自分らしく生きる6か条

いつも自分にとって
心地よい選択をし
どんなことが起きても
自分を褒めてねぎらい
誰かと争おうとせず
自分と向き合う
他人に嫌われても
自分を好きでいて
思いもよらぬことが起きても
自分で責任をとり
可能性を信じる人が
自分らしく生きる

Q034
自分の性格において良いところは?

私

相手

例 やり切るところ、とりあえずやってみる

Q035
自分の性格において悪いところは?

私

相手

例 頑固なところ、めんどくさがり

Q036
自分自身について好きなところは?

私

相手

例 継続するところ、やるときはやる

Inside

他人よりできなくてもいい
誰かより優れなくてもいい
何かに秀でなくてもいい
あなたの魅力は
あなたであること
あなたらしく生きればいい

Q037
頭の中は何でいっぱいですか？

私

相手

例 不安、お金、推し

Q038
あなたの口癖は？

私

相手

例 何とかなる、気にしない

Q039
あなたが行っている良い習慣は？

私

相手

例 早寝早起き、散歩、白湯を飲む

Inside

幸せに過ごす7か条

行動することでチャンスが生まれ
変化を楽しむことで出会いが生まれ
感謝することで運が生まれ
ありのままの自分を受け入れることで
自信が生まれる
背筋を伸ばせば息苦しさが和らぎ
掃除をすれば心のモヤモヤが晴れ
幸せと思うことで幸せを引き寄せる

Q040

あなたを色にたとえるとしたら？理由を教えてください。

私

相手

例 白（何でも吸収しようとする）

Q041

あなたを動物にたとえるとしたら？理由を教えてください。

私

相手

例 猫（自由奔放）

Q042

あなたをものにたとえるとしたら？理由を教えてください。

私

相手

例 接着剤（人を繋げるのがうまい）

Inside

犬の生き方

大好きな人が帰ってきたら迷わずかけつけ
美味しそうにごはんを食べて
欲しいものがあったら諦めずに掘り続け
つらそうにしていたら黙ってそばに座る
わくわくしたときは大きな声を出して
幸せなときは体を使って喜び
何回怒られても忘れてしまうこともある
外見にこだわらず
過去や未来を気にせず
今を生きる
犬は教えてくれる
自然体でいる大切さを

Q043
健康について100点中何点ですか？

私

相手

例 80点

Q044
健康について満点ではないとしたらその理由は？

私

相手

例 体が硬い、腰痛になる、お尻が痛い

Q045
健康のためにしていることは？

私

相手

例 散歩、野菜から食べ始める

Inside

健康でいたいなら
我慢しないこと
体にいいからといって
無理して食べないこと
好きなことをして
心を満たすこと

Q046
自分を磨くために努力していることは？

私

相手

例 読書する、毎日動画を作る

Q047
感性を磨くためにできることは？

私

相手

例 映画を見る、なぜと自分に問いかける

Q048
一年前より成長したことは？

私

相手

例 諦める、期待しすぎない

+
Inside
+

見た目を美しくすると
自信が湧き始め
姿勢を美しくすると
心が整い始め
言葉遣いを美しくすると
世界が変わる

Q049
もしも1日だけ誰かになれるとしたら誰になりたいですか？

私

相手

例 大谷翔平、大富豪

Q050
もしも超能力を1つだけ持てるとしたら何がいいですか？

私

相手

例 一瞬でどこへでも行ける、嘘を見破れる

Q051
もしも先生だったら何を教えますか？

私

相手

例 言葉の伝え方、おすすめの韓国ドラマ

Inside

一番の問題は
才能があるかより
自分を信じていないこと

Q052
もしも首相だったら真っ先に変えたいことは？

私

相手

例 消費税をなくす、介護士および図書館司書の給料

Q053
もしも本を書くとしたらどんな本ですか？

私

相手

例 自己肯定感を高める本

Q054
もしも1つだけ法律を作るとしたら？

私

相手

例 タバコ禁止、大学まで授業料無料

Inside

本当に頭がいい人

知らないことを恥と思わず
素直に聞いて
どんな人にでも態度は同じで
謙虚でいる
感情をあらわにせず
言葉遣いが丁寧で
色々な角度から物事を見ていて
誰にでもわかりやすく話すのが
本当に頭がいい人

Q055
気にしなくてもいいことは?

私

相手

例 会社の評価、フォロワー数

Q056
とりあえずやめてもいいことは?

私

相手

例 細かいことに口を出すこと、期待しすぎること

Q057
考えすぎない方がうまくいくことは?

私

相手

例 未来について、相手の気持ち

Inside

やめるだけ

思い込みをやめると
可能性が生まれ
嫉妬をやめると
時間が生まれ
見栄をやめると
お金が生まれ
後悔をやめると
前向きな気持ちが生まれ
比較をやめると
自分らしさが生まれる
大切なものは
やめるだけで手に入る

Q058
卒業したいことは？

私

相手

例 出不精、お酒の飲みすぎ

Q059
先延ばしにしないほうがいいことは？

私

相手

例 親と向き合う、今後のキャリア、結婚

Q060
まだ解決できない問題は何ですか？

私

相手

例 体が硬い、シックスパックになれない

Inside

一歩ずつ

雨が降るのは自分だけではない
雲はずっと流れていて
いつしか光が差す
上り坂も下り坂も同じ数だけあり
歩けば歩くほど前向きになり
立ち止まって振り返っていると
後ろ向きになる
生きていると
いいことばかりではないけど
一歩ずつ進むだけ

Q061
寂しいと感じるときは？

私

相手

例 恋愛ドラマを見た後、1人で誕生日を過ごすとき

Q062
どんなときに落ち込みますか？

私

相手

例 健康を損ねたとき、注意されたとき

Q063
落ち込んだときに立ち直る方法は？

私

相手

例 他のことに夢中になる、思いっきり泣く

Inside

落ち込まない口癖

疲れたときは
「頑張ったから」
失敗したときは
「よく学べた」
うまくできないときは
「まだまだこれから」
後悔したときは
「次に活かそう」
トラブルが起きたときは
「どう楽しもうか」
不安なときは
「起きてから考えよう」
口癖を変えれば落ち込まない

Q064
最も ストレスを感じるものは？

私

相手

例 無駄なこと、歯が痛いこと、待たされる

Q065
最も不安に思っていることは？

私

相手

例 これから生きられるか、大地震

Q066
機嫌が悪いときはどんな感じですか？

私

相手

例 すぐに反応してしまう、話しかけられると嫌がる

Inside

涙すら出ないときに
救ってくれるのは
何でも話せる友人と
泣ける映画と
おいしい食べ物

Q067
ストレス解消法は何ですか？

私

相手

例 ランニング、焚火《たきび》の動画を見る、キックボクシング

Q068
自分へのご褒美に何をする？

私

相手

例 カロリーを気にせず好きなものを食べる、マッサージへ行く

Q069
自分を大切にするためにできることは？

私

相手

例 体のケアをする、自分の気持ちに素直になる

Inside

ストレスをなくす6か条

結果を期待して
焦らないように
返してもらおうと思って
お金を貸さないように
思うようにいかなくても
生きる意味を考えないように
信用してもいいけど
相手に期待しすぎないように
自分を傷つける人がいたら
すぐに離れるように
思うよりも見られてないから
自分の好きなようにするように

Q070
不要なものは何ですか？

私

相手

例 誰かと比べる気持ち、1年以上使っていないもの

Q071
今の生活を続けて後悔することは？

私

相手

例 結婚しなかったこと、今の仕事を辞めないこと

Q072
もしも1年休めるなら何をしますか？

私

相手

例 調理の専門学校に通う、海外へ行く

Inside

これからの人生に
これまでの人生は
関係ない
自分がどう生きるか

Q073
子供のころに好きだったものは?

私

相手

例 カレーライス、ビジュアル系バンド

Q074
子供のころに夢中だったものは?

私

相手

例 RPGゲーム、ダンス、バスケットボール

Q075
子供のころになりたかったものは?

私

相手

例 公認会計士、アイドル

The past

夢がなくても
やりたいことが
わからなくても
立派に生きている人は
たくさんいる

Q076
子供のころから変わったことは？

私

相手

例 現実を見る、揚げ物がたくさん食べられない

Q077
子供のころから変わらないことは？

私

相手

例 金銭感覚、日焼けを気にする

Q078
子供のころにとても欲しかったものは？

私

相手

例 お菓子、1人部屋、お金

The past

子供に早く知ってほしいこと

- いつでも親はいない
- 自分ひとりで生きてはいけない
- お金の仕組み
- 挨拶と歯は大事
- 笑顔は身を助ける
- 食べ物は体に影響を与える
- 世の中は甘くない
- 人との上手な付き合い方
- 自分の行動次第で未来が決まる
- 良い嘘と悪い嘘がある
- 友達と学ぶことの大切さ
- 人生は長いようで短い
- 自分にどれだけの価値があるか
- 何かに一生懸命になれるのは幸せ

Q079
どんな大人になりたかったですか？

私

相手

例 世界をまたにかける人、お金持ち

Q080
10歳のあなたから今のあなたに言いたいことは？

私

相手

例 今の生活は楽しいのか？、今のままでいてください

Q081
運に恵まれていたら何が起きていましたか？

私

相手

例 もっといい会社に就職できた、結婚できた

The past

大人になっても遊べる
大人になっても
挑戦できる
大人になっても
やりたいことはできる

Q082
もっとも大変だったときは?

私

相手

例 収入が5分の1になったとき、介護と看病

Q083
忘れられない出来事は?

私

相手

例 志望校に合格したこと、親の涙

Q084
忘れられない景色は?

私

相手

例 祖父が見送りにきてくれたこと、子供が生まれた瞬間

The past

何度別れたとしても
別れは辛いもの
その人と別れるのは
初めてだから

Q085
行ってみたい過去は何年前ですか？

私

相手

例 15年前

Q086
過去に戻って何をしますか？

私

相手

例 過去の自分にアドバイスをする

Q087
過去に戻らなくても今できることは？

私

相手

例 本当に役立つサイトを制作する

The past

負けても
何か得られたなら
それで十分
勝ち負けだけで
人生は決まらない

Q088
やらなくて後悔したことは？

私

相手

例 たくさんの人に会う、好きな人への告白

Q089
やらなくて損したことは？

私

相手

例 投資、手術、体の勉強

Q090
人生で一番後悔していることは？

私

相手

例 結婚を焦ったこと、自分の殻にこもったこと、首を痛めたこと

The past

後悔しない人生6か条

今ある幸せに感謝して
嫌な感情が起きても
否定せず認めて
欠点も自分らしさと受け入れる
「すみません」ではなく
「ありがとう」を口癖にし
言い訳しそうになったら
前向きな言葉を口にして
最後は自分で決めれば
後悔しない人生となる

Q091
今までの人生で一番嫌な出来事は？

私

相手

例 親が交通事故にあった、いじめ

Q092
今までの人生で幸せな出来事は？

私

相手

例 国体で優勝したこと、子供が生まれたこと

Q093
今までの人生で最も影響を受けた出来事は？

私

相手

例 起業したこと、受験に失敗した

The past

楽しいときは
笑顔が磨かれ
苦しいときは
心が磨かれ
辛いときは
器が磨かれる

Q094
今までで一番うれしかったことは?

私

相手

例 志望校に受かったこと、子供からの手紙

Q095
今までで一番感動したことは?

私

相手

例 子供が生まれたこと、推しのライブ

Q096
あなたが最も輝いていた時は?

私

相手

例 中学生の時の部活動、今

The past

夢を叶えるには

努力したから
結果がでるわけではないけど
一つのことに打ち込むことで
見える世界が変わっていく
本気で取り組めば
協力してくれる人があらわれ
一人ではできないことも
できるようになり
いつの間にか思い描いたことが
叶っている

Q097
最近、覚えたことは？

私

相手

例 手話、ドラマを倍速で見ること

Q098
最近あったいい出会いは？

私

相手

例 Nさん、ヘッドマッサージ機

Q099
最近、新しく出かけた場所は？

私

相手

例 食べログ名店、恵比寿

The present

やらないこと

何を知るかよりも
何を知らないか
何を言うかよりも
何を言わないか
何をするかよりも
何をしないか
誰と付き合うかよりも
誰と付き合わないか
やらないことを決めておくと
生きやすくなる

Q 100

最近、笑ったことは？

私

相手

例 お笑いライブ、恋愛リアリティ番組を見て

Q 101

最近、興味を持ったことは？

私

相手

例 体の使い方、マンション購入

Q 102

最近起きた最高なできごとは？

私

相手

例 行きつけのお店を見つけたこと

The present

笑いなさい

泣いている1日も
笑っている1日も
同じ1日だから
生きている間に
たくさん笑いなさい
1日1つでも
うれしいことがあれば
幸せなこと

Q 103
最近、涙を流したことは？

私

相手

例 韓国ドラマを見たとき

Q 104
最近、寂しさを感じたことは？

私

相手

例 寒い部屋に1人でいたとき

Q 105
最近、嫌だったことは？

私

相手

例 細かい指示を受けたこと、足にマメができたこと

The present

去る人は去る
残る人は残る
縁がある人は
何度も出会うから
気にしなくていい

Q 106
最近、がっかりしたことは？

私

相手

例 上司の言動、料理に失敗したこと

Q 107
最近、はまっていることは？

私

相手

例 近所で美味しいお店を探すこと、ぬか漬け

Q 108
最近していないことは？

私

相手

例 読書会、集中すること

The present

相手にしない

悪口を言われるのは
自分だけではない
相手は言ったことを
覚えていないから
意識しすぎないように
その人は心のどこかで
劣っていると思っていて
強がっているだけ
相手にしなければいい

Q109
今一番熱中していることは？

私

相手

例 朝のランニング、物件巡り

Q110
今一番集中したいことは？

私

相手

例 仕事、副業

Q111
今一番勉強していることは？

私

相手

例 海外のトレンド、動画編集

The present

立派に生きなくていい
生き方に
正しいも悪いもない
ただ生きればいい

Q112
今一番悩んでいることは？

私

相手

例 今後の生き方、朝早く起きられない

Q113
今一番我慢していることは？

私

相手

例 会社の仕事、姑《しゅうとめ》の言動

Q114
決断したほうがいいことは？

私

相手

例 結婚、今の仕事を辞めること

The present

悩みが減る6か条

考えても仕方ないことは
考えないようにして
決して過去のことを
後悔しないように
もしも相談するなら
経験者に話を聞いてもらい
他人が抱える悩みに
共感しすぎないように
他人と比べず
自分のことを
大切にしない人から離れれば
悩みが減っていく

Q115
今頑張っていることは?

私

相手

例 地域ブログ制作、動画編集

Q116
今の自分にしかできないことは?

私

相手

例 やりたいことをやる、いろいろな人に会う、毎日の散歩

Q117
将来の自分のためにあなたがしていることは?

私

相手

例 SNSの更新、日焼け止め

The present

好きなものより得意なものを
やりたいことよりもやれることを
まわりから求められることを
頑張っていれば
自分が求めたいことが
できるようになる

Q118

どうしても手に入れたくてたまらないものは？

私

相手

例 お金、自由な時間、体力

Q119

今のあなたに必要な言葉は？

私

相手

例 健康第一、あなたならできる

Q120

あなたの今を一言であらわしてください。

私

相手

例 あっという間に時間が流れている、幸せ

The present

正しい選択をしたいなら何を望んでいるのか明確にすること

Q121

お休みの日は何をすることが多いですか？

私

相手

例 書店訪問、ゲームしている

Q122

何も予定がない日は何をしていますか？

私

相手

例 寝る、テレビを見る

Q123

長期休暇は何をして過ごしますか？

私

相手

例 1日中ドラマを見る、海外旅行

Time usage

挑戦することも
大事だけど
同じくらい
休むことも大事
いつまでも
頑張れる人はいない

Q124
いつも朝は何時に起きていますか?

私

相手

例 5時

Q125
いつも夜は何時に寝ていますか?

私

相手

例 22時

Q126
1日どれくらい寝たいですか?

私

相手

例 7時間～8時間

Time usage

疲れてるときは
悪いことに
目が向きがちだから
これ以上
悪く考えないように
すぐに寝ること

Q127
朝に起きて欠かせないことは？

私

相手

例 歯磨き、窓を開ける

Q128
寝る前に何をすることが多いですか？

私

相手

例 歯の掃除、ゲーム実況動画を見る

Q129
好きな時間は？

私

相手

例 仕事を忘れてドラマを見ている、子供とお風呂に入っているとき

Time usage

土日よりも幸せなのは明日が休みだと思える金曜日

Q130
時間をかけないとできないことは？

私

相手

例 体重を増やす、料理

Q131
時間をかけずにできることは？

私

相手

例 ほめること、自分を好きになる

Q132
今まで一番時間をかけたものは？

私

相手

例 ブログ更新、バレー

Time usage

受験でも仕事でも人生において失敗する人はすぐに結果を求めたがる

Q133

遅刻されたら何分まで待てますか？

私

相手

例 15分

Q134

人気店で行列ができていたら何分待てますか？

私

相手

例 20分

Q135

無駄だと思う時間は？

私

相手

例 会議、愚痴を言う時間

Time usage

人生には
無駄なことが
たくさんあるけど
無駄と思っていたことが
あとで活きることもある

Q 136
1日に1人でいる時間はどれくらいほしい？

私

相手

例 3時間

Q 137
あなたにとって「完璧な日」とは？

私

相手

例 予定した通りにすべてこなす

Q 138
1日を大切にするためにできることは？

私

相手

例 イライラしない、やることを決める

Time usage

とりあえず

良いことも悪いことも
とりあえず感謝し
難しそうなことでも
とりあえず「できる」と言い
やる気がわかなくても
とりあえずやってみる
受け止め方を変えるだけで
人生は変わっていく

Q139
持っているもので一番便利なものは?

私

相手

例 ヘッドマッサージ機、iPhone

Q140
一人の時間を楽しむために何をしますか?

私

相手

例 ドラマを一気見する、何もしないでボーッとする

Q141
一番好きな休日の過ごし方は?

私

相手

例 思いっきり体を動かして食事をする

Lifestyle

一人だからわかること

一人だから自分と向き合えて
一人だから誰にも振り回されず
一人だからじっくり休めて
一人だから温もりを知れて
一人だから趣味を楽しめて
一人だから夢中になれて
一人の時間が自分を成長させる

Q 142

週何日掃除をすれば満足しますか？

私

相手

例 週3日

Q 143

週何日洗濯をすれば満足しますか？

私

相手

例 毎日

Q 144

外食するのは週何回が望ましい？

私

相手

例 週2回

Lifestyle

頼るなら旦那や子供よりも便利家電

Q 145

いつも何をすることで忙しいですか？

私

相手

例 メール対応、料理、家事

Q 146

今より効率的に過ごすには何をしますか？

私

相手

例 常に部屋を掃除する、家事代行サービスを利用する

Q 147

心地よい暮らしをするためにしていることは？

私

相手

例 あまり人と接しない、物を減らす、怒らない

Lifestyle

忘れてはいけない６か条

たとえ忙しくても
余裕を忘れないように
すぐに嫌なことを忘れても
ずっと感謝は忘れないように
たとえ傷ついても
思いやりを忘れないように
泣きたいときは泣いてもいいから
笑顔を忘れないように
うまくいかないときこそ
なぜ始めたのか忘れないように
苦しいときこそ
楽しむことを忘れなければ
何とかなる

Q148
日々をより良くするためにしたいことは？

私

相手

例 栄養のある食事をする、感謝する

Q149
今よりも平日を楽しむとしたら何をしますか？

私

相手

例 毎日好きなものを食べる、サウナへ行く

Q150
あなたの日常を一言で言うと？

私

相手

例 ほとんど決まっている

Lifestyle

奇跡

笑顔を見れたこと
一緒に楽しめたこと
夢が叶ったこと
好きな人と付き合えたこと
子供が生まれたこと
朝を迎えられること
健康でいられること
当たり前の生活があること
今日1日無事に過ごせたこと
あなたと出会えたこと
毎日奇跡はあふれている

Q151
自宅は持ち家と賃貸、どちらが良いですか？

私

相手

例 賃貸

Q152
住むなら一軒家とマンション、どちらが良いですか？

私

相手

例 マンション

Q153
住むなら都心と郊外、どちらが良いですか？

私

相手

例 郊外

Surroundings

幸せに条件はいらない

給料が多くても
幸せにはならない
貯金があっても
幸せにはならない
地位があっても
幸せにはならない
友達がたくさんいても
幸せにはならない
いい家に住んでも
幸せにはならない
幸せに条件はいらない
今の自分に今の環境に
満足できる人が幸せになれる

Q154
あなたの地元で誇れることは?

私

相手

例 静かなところ、ラーメンがおいしい

Q155
これからどこに住んでみたいですか?

私

相手

例 地元、ロサンゼルス

Q156
5年後、どこにいると思いますか?

私

相手

例 今のまま、中央線沿線もしくは西武池袋線沿線

Surroundings

自分を変えるのが
難しいなら
環境を変えたほうが
うまくいく

Q157
今の家や部屋でこだわっていることは？

私

相手

例 物を置かない、白で統一する

Q158
もしも家を設計するとしたらどんな家にしますか？

私

相手

例 部屋の仕切りがない、断熱材をたくさん使う

Q159
もしも今の場所以外に住むとしたらどこがいいですか？

私

相手

例 山奥、埼玉県

Surroundings

人生の転機

好きなことに
あまり興味がなくなり
仲が良かった人と
会話を楽しめなくなる
続けるかどうか悩んでいたら
やめざるをえないことが起きて
偶然の一致が続き
思いもよらぬ誘いがあれば
人生の転機が訪れている
逃さないように

Q 160

あなたがよく行く場所は?

私

相手

例 書店、ジム、伝説のすた丼屋

Q 161

大好きな場所はどこですか?

私

相手

例 お気に入りのカフェ、車の中

Q 162

癒される場所はどこですか?

私

相手

例 温泉、サウナ、美容院

Surroundings

疲れをためない7か条

自分の居場所を作り
本音を言えるようにして
こまめにリフレッシュする
無理してまわりに合わせず
過去を悔やまず
嫌な事は忘れて
何事にも感謝すれば
疲れはたまらない

Q163
落ち着く場所はどこですか?

私

相手

例 海、滝、トイレ

Q164
気分が良くなる場所はどこですか?

私

相手

例 猫カフェ、実家

Q165
エネルギーを充電してくれる場所はどこですか?

私

相手

例 サウナ、美容院

Surroundings

落ち込むのは10分だけ悲しむのは1日だけ時間を決めておくと対処しやすくなる

Q166
これからどんな家や部屋で暮らしたいですか?

私

相手

例 コンパクトな部屋、お風呂とキッチンが広い

Q167
人生の最期をどこで過ごしたいですか?

私

相手

例 地元、ハワイ

Q168
どこで亡くなりたいですか?

私

相手

例 自宅、海、仲が良い人がいるところ

Surroundings

最期まで人生を楽しむ６か条

昔熱中したものや
ワクワクするものに取組み
気になる所があれば
すぐにでかけて
譲れないことは
とことんこだわり
異性の友達を作り
無理だと思っていたことに
挑戦してみる
いつかしたいことを
すぐにしていれば
最期まで人生を楽しめる

Q 169

よくお金を使うことは?

私

相手

例 ランチ、焼き鳥、子供の習いごと

Q 170

買って得したものは?

私

相手

例 マッサージガン、おしゃれなメガネ

Q 171

買って後悔したものは?

私

相手

例 まとめ買いした洗剤、ネットで購入したサイズの合わない服

Money

お金より大切なものは
お金があったほうが
見つけやすい

Q 172
最近買って良かったものは?

私

相手

例 LEDシーリングライト、乾燥機付き洗濯機

Q 173
すでにたくさんあるのに買ってしまうものは?

私

相手

例 アマニ油、納豆、お菓子

Q 174
買いたくても買えなかったものは?

私

相手

例 一軒家、ロレックスの時計

Money

認めればいい

自分に足りないものを
埋めるために
他人に依存したり
物を買わないこと
足りないものは
いくらでもあるから
今の自分を認めればいい

Q175
1人で外食して一番多く支払った金額は?

私

相手

例 4000円

Q176
人生で一番高い買い物は何ですか?何円しましたか?

私

相手

例 パソコン16万円

Q177
今までで一番大きな投資とは?

私

相手

例 心理学の資格を取得、留学

Money

お金があれば余裕が生まれ
余裕があれば自信が生まれ
自信があれば勇気が生まれ
勇気があればチャンスが生まれ
チャンスがあれば成功が生まれる
お金はないよりもあったほうがいい

Q178

1日で100万円を使い切るとしたら何をしますか？

私

相手

例 美味しいものをみんなで食べる、ギターを買う

Q179

贅沢《ぜいたく》するとしたら何をしますか？

私

相手

例 高級ホテルでマッサージをうける、毎日外食

Q180

あなたの一番やりたいことはいくらかかりますか？

私

相手

例 100万円

Money

何かを生み出すには
お金が必要で
お金をかけないで
手に入れようとすると
たいてい失敗する

Q181
自分へ投資をするとしたら何をしますか？

私

相手

例 留学する、広い家に住む

Q182
1か月いくらで生活できますか？

私

相手

例 14万円

Q183
これから生きるためにどれくらいお金が必要ですか？

私

相手

例 8000万円

Money

目に見えるものに
お金を使えば
見た目はよくなるけど
目に見えないものに
お金を使えば
心が豊かになる

Q184
お金で失敗したことは？

私

相手

例 株で100万円失った、通販でサイズが合わない服を買ったこと

Q185
人を楽しませるために何にお金を使いましたか？

私

相手

例 親へのプレゼント、誕生日のサプライズ

Q186
あなたが欲しくてもお金で買えないものは？

私

相手

例 愛情、相手の気持ち

Money

いいお金の使い方

相手を喜ばせるために
誰かが豊かになると思って
気持ちよくお金を支払い
本当に欲しいものは
値段を気にせず購入し
使えるお金が
手元にあることに感謝し
ワクワクすることに
お金を使えば
人生は豊かになる

Q187

お金をかけなくていいものは?

私

相手

例 服、塾代

Q188

お金をかけたほうがいいものは?

私

相手

例 水、野菜、プレゼント

Q189

お金をかけずに楽しめることは?

私

相手

例 海外ドラマを見る、ランニング

Money

お金持ちになる７か条

お金を受け取ったら
１円でも喜び
人から受けた恩は
忘れずに返して
喜ばせることにお金を使う
儲け話には耳を傾けず
ケチと節約の違いを理解して
自分への投資を惜しまない
たとえお金がなくても
その状況を楽しめるのが
本当のお金持ち

Q190
もしも年収が今の10倍になったらどうしますか？

私

相手

例 会社員を辞める、動物愛護団体に寄付する

Q191
今、節約していることは？

私

相手

例 電気・ガス代

Q192
あなたのお金のルールは？

私

相手

例 なるべく固定費を減らす、本当に欲しい物にはお金を惜しまない

Money

贅沢《ぜいたく》はすぐに慣れるけど
貧乏に慣れるのは難しい

Q193
なぜ今の仕事を始めたのですか？

私

相手

例 教育に関心があったから

Q194
今の仕事で好きなところは何ですか？

私

相手

例 プライベートの時間がある、人間関係がいい

Q195
今の仕事で嫌なところは何ですか？

私

相手

例 考え方が合わない人がいる、成長しない

Work

本当の天職

心から楽しめて
時間を忘れるほどのめり込み
うまくいかなくても
ストレスを感じない
頑張った分だけ
まわりから感謝され
いつも幸せを感じ
ずっと続けたいと思えるのが
本当の天職

Q196
やりたくない仕事は?

私

相手

例 雑用、誰でもできるようなこと

Q197
今までで一番満足した仕事は?

私

相手

例 出版、営業成績で1番になった

Q198
仕事から得られたものは?

私

相手

例 自信、企画力

Work

いい人にならない

いつも疲れるのは
いい人すぎるから
まわりのために頑張っても
まわりのために尽くしたとしても
報われるとはかぎらない
ときには都合の良いように
まわりに利用されて
振り回されることもある
いい人になるよりも
自分の気持ちに従うこと

Q199
仕事において大切にしていることは？

私

相手

例 付加価値をつける、相手を想像する、関係者を待たせない

Q200
もしも会社の社長になれるとしたらどの会社にする？

私

相手

例 出版社、ソフトバンク

Q201
もしも会社を作るとしたらどんなサービスをする？

私

相手

例 SNSコンサル、オンライン占い

Work

自分の力で
サービスやお金を
生み出した経験は
何事にも代えられない
財産となる

Q202
仕事を通じて学んだことは？

私

相手

例 喜んでくれる人がいる、評価をあてにしない、自分の思い通りにならない

Q203
今の仕事とプライベートの割合は何対何ですか？

私

相手

例 8対2

Q204
何歳まで働きますか？

私

相手

例 生涯現役、60歳

Work

シニアの働き方

元気に働ける期間は短く
これまでの知識や経験を活かそうと
意気込まないこと
自分が思うよりも
思考力や体力は衰えている
お金にこだわるより
健康で長く続けられる
仕事を選べば
長生きできる

Q205
あなたのまわりにはどのような人がいますか?

私

相手

例 真面目、ヤンチャ

Q206
第一印象で見るところは?

私

相手

例 真面目かどうか、靴、爪、顔

Q207
友達は何人いればいいですか?

私

相手

例 2人

Friendships

友達は少なくてもいい

友達は作るものではなく
できるもの
無理して友達を作っても
いなくなる
友達は少なくてもいい
人生には限りがあり
本当に大切な人に
時間を費やせるから

Q208
腹が立つのはどのような人ですか？

私

相手

例 無駄なことをする、口だけの人

Q209
苦手な人はどのような人ですか？

私

相手

例 時間を守らない、言い訳をする

Q210
一番嫌いな行動は何ですか？

私

相手

例 待たされる、返信がない、歩きながらタバコを吸う

Friendships

誰かにとっては良い人で
誰かにとっては悪い人
誰かにとっては大切な人で
誰かにとってはどうでもいい人
よく知らないのに
決めつけないように

Q211
今まで会った中で一番面白い人は誰ですか？

私

相手

例 昔の上司、明石家さんまさん

Q212
あなたに影響を与えた人は？

私

相手

例 母親、K先生、坂本龍馬

Q213
最も影響を受けた人から学んだことは？

私

相手

例 外に出る、継続は力

Friendships

祖母の教え

来る者は拒《こば》まず去る者は追わず
裏切られてもいいと
思えるほどの友達を見つけなさい
決してお金やまわりの声に
まどわされないように
決断は夜にしないで
朝にするように
正しさよりも優しさを
言葉よりも行動を
欲しいものがあるなら
すぐに手に入れなさい
好意があるならすぐに伝えなさい
人生はタイミングが全て

Q214
人間関係で失敗したことは?

私

相手

例 怒りすぎる、お金に目がくらむ

Q215
人間関係で変えたいことは?

私

相手

例 あまり期待しない、人を信用しない

Q216
人とのつながりで大切にしていることは?

私

相手

例 相手の話を聞く、相手の利益を考える

Friendships

人間関係の真実

たとえ失敗しても
みんな忘れていて
悪口を言われても
相手はよく考えていなくて
迷惑をかけていたとしても
お互い様

本当に仲が良ければ
簡単に裏切れなくて
自分のことが嫌いというより
距離感を間違えているだけ
気にしすぎないように

Q217
意見が分かれたらどうしますか？

私

相手

例 相手の話を聞いてから自分の意見を述べる

Q218
仲直りするためにはどうしますか？

私

相手

例 自分から謝る、すぐに謝る

Q219
相談するとしたら誰にしますか？

私

相手

例 親、Nさん、大学のゼミの教授

Friendships

誰に相談するかで
答えは変わり
乗り越えた人に
相談すると
納得できる

Q 220
言われてうれしかった褒め言葉は?

私

相手

例 すごい、さすが

Q 221
言われて一番嫌だった言葉は?

私

相手

例 普通、必要ないです

Q 222
相手にどのように好意を伝えますか?

私

相手

例 言葉にする、手紙

Friendships

何を言うかより何を言わないか余計な一言が関係を壊す

Q223
今までお付き合いした人の共通点は？

私

相手

例 自分のことを好き、よく笑う

Q224
今までお付き合いした人と別れた理由は？

私

相手

例 相手の気持ちの変化に気づけない

Q225
これから別れないためにできることは？

私

相手

例 自分の意見を押し付けない

Friendships

恋

別れるために付き合う人はいない
きれいに別れることは
なかなかできず
気持ちを抑えきれず
自分の醜《みにく》いところと
向き合うこともある
楽しいばかりが恋ではない
苦しいことも辛いことも乗り越えて
成長するのが恋

Q226

あなたを支えてくれた人は？

私

相手

例 Hさん、家族

Q227

あなたの価値を認めてくれる人は？

私

相手

例 お客様、親、恋人

Q228

あなたが応援したい人は？

私

相手

例 頑張っている人、生徒

Friendships

うまくいかないと
離れていく人はいるけど
そばにいて
助けてくれる人もいる
何があっても
味方でいる人を大切に

Q229
今までにもらった最高のプレゼントは？

私

相手

例 人生、ルイヴィトンのバッグ、ゲーム

Q230
あなたがまわりの人に与えたものは？

私

相手

例 元気、気づき、笑い

Q231
人生を変えた出会いは？

私

相手

例 親友のMさん、Instagram

Friendships

元気をくれる人

いつもニコニコしていて
常に新しいことに挑戦して
失敗したとしても楽しんでいる
おいしそうにご飯を食べて
楽しそうに話を聞いて
いくつになっても若々しいのが
元気をくれる人

Q232
お母さんとお父さんどっちに似ていますか?

私

相手

例 お父さん

Q233
(選んだ方と)どんなところが似ていますか?

私

相手

例 神経質、真面目

Q234
(選んでいない方と)どんなところが似ていないですか?

私

相手

例 メンタルが強い

Family

期待しすぎない

家族だから分かり合える
理解してもらえる
受け入れてもらえる
知らず知らずのうちに
期待しすぎて分かり合えず
裏切られることもある
家族でも他人で
同じ価値観とはかぎらない
分かり合えることが
1つでもあればいい
それぐらいに思えれば
過ごしやすくなる

Q235
お父さんとお母さんの出身地は？

私

相手

例 東京都、福島県

Q236
お父さんとお母さんの尊敬するところは？

私

相手

例 真面目、愚痴を言わない

Q237
お父さんとお母さんに直してほしいところは？

私

相手

例 余計な口出しをすること

Family

ダメな母はいない

遅くまで仕事して
ギリギリまで起きられない朝もあれば
面倒になってお惣菜を買って
済ませる夜もある
家族が寝た後に
推しを確認するのが楽しみで
ついSNSで不満を漏らすこともある
いいお母さんも
ダメなお母さんもいない
子供が好きなお母さんがいるだけ

Q238

お母さんから学んだことは?

私

相手

例 外の世界を知ること

Q239

お父さんから学んだことは?

私

相手

例 コツコツ頑張ることが一番

Q240

親からもらったものは?

私

相手

例 時間、環境、時計

Family

いつかくる

意外と親のことを知らなくて
まだ話していないことがたくさんあって
聞いてみたいことがたくさんある
良い出来事も悪い出来事も
楽しかった日もぶつかった日も
当たり前の日常さえいとおしくなる
伝えたい気持ちは
伝えられるうちに伝えること
聞きたいことは今のうちに聞くこと
やってあげたいことはすぐにしてみること
その時はいつかくるのだから

Q241
実家の料理で一番好きなものは?

私

相手

例 豚汁、カレーライス

Q242
家族旅行で行ったところは?

私

相手

例 北海道、金沢、四国、仙台、グアム

Q243
家族旅行で一番印象に残っている思い出は?

私

相手

例 北海道のホテルで迷子、オーローラを見たこと

Family

親の愛

毎日お弁当を作ってくれて
毎朝学校に行くとき
見えなくなるまで見送ってくれて
話が尽きるまで聞いてくれて
間違ったことをすれば叱られた
どんなに遅くに帰っても
「おかえり」と言ってくれて
ひとり暮らしをしたときは
おかずを持たせてくれる
どんな時も信じて見守ってくれて
愛だと気がつくのに時間がかかったけど
ありがとう

Q244
家族といて一番幸せだった出来事は？

私

相手

例 一緒に食事をしている時、長男誕生、父が淹れてくれるコーヒー時間

Q245
ずっと大切にしたい家族の思い出は？

私

相手

例 家族の誕生日、離婚して実家の両親が迎え入れてくれたこと

Q246
これから親との同居は考えていますか？

私

相手

例 今のところ考えていない、同居中

Family

手を差し伸べるのも
優しさだけど
何も言わないでくれたことが
あとで優しさだったと
気づくこともある

Q247
家族でよく話すことは何ですか？

私

相手

例 甥っ子、子供の将来、ジャニーズ

Q248
家族ではどのような話題が盛り上がりますか？

私

相手

例 健康、韓国アイドル

Q249
もしも子供がいたらどんな親になりたい？

私

相手

例 任せる、好きなことをやらせる

Family

素敵な親８か条

他の子供と比べず
すぐに怒らず
まず話を聞き
子供の気持ちに共感する
世間体を気にせず
自分の価値観を押し付けず
結果より過程を重視し
ひとりの人間として
子供を尊敬できるのが
素敵な親

Q250

あなたの家族はどんな家族ですか？

私

相手

例 真面目、のほほんとしている、笑いが絶えない

Q251

家族だけのルールは？

私

相手

例 誕生日にすき焼きを食べる、ご飯中にスマホをいじらない

Q252

家族とは？

私

相手

例 安心を与えてくれる、気兼ねなく話せる人

Family

子供に贈りたい6か条

正しいことを言うより
気持ちがわかる人になりなさい
何をしてもらえるかよりも
何ができるかを考えなさい
できるだけ悪いところより
良いところを見なさい
挨拶はされるより自分からして
言葉で語るよりも心で語り
わかるだけではなく
できるようになれば
いい人生となる

Q253
お金に不自由がないとしたら何をしますか？

私

相手

例 絵本を作る、世界一周

Q254
やりたいと思っていてやれていないことは？

私

相手

例 ブログ記事のリライト、自炊をする

Q255
これから挑戦してみたいことは？

私

相手

例 絵本の制作、英語

Future

本当に
可能性がないなら
思いつかない
想像できたことは
実現する

Q256
どんなに苦労してもやってみたいことは？

私

相手

例 児童書の制作、金メダルを取る

Q257
何が何でも手に入れたいものは？

私

相手

例 健康、自信

Q258
心の底から求めているものは？

私

相手

例 安心、楽しみ、子供

Future

結果が出ないのは
努力が足りないか
やり方が間違っているか
結果が出るまでに
諦めてしまうか

Q259

来年の今日、あなたは何をしていますか？

私

相手

例 会社員をしながら副業、留学している

Q260

1年後、今の自分とは違う自分になるために何をしますか？

私

相手

例 出版社に営業する、文章の勉強をする

Q261

新しい体験をするとしたら何をしますか？

私

相手

例 副業仲間を作る、旅行する

Future

正しい道に
行こうとするから
苦しくなる
自分の道を切り開くと
楽しくなる

Q262
これからやりたくないことは？

私

相手

例 出社勤務、食べすぎること

Q263
奇跡が起きるとしたら何を望みますか？

私

相手

例 動画がバズる、親の病気が治る

Q264
3つ願いが叶うなら何を願いますか？

私

相手

例 ずっと健康でいる、家族の幸せ、世界平和

Future

やりたいこと

やりたいことは
すごくなくてもいい
やりたいことは
評価されなくてもいい
やりたいことは
お金にならなくてもいい
やりたいことは
どんどん変わってもいい
やりたいことは
誰かと比べなくてもいい
やりたいことは
誰かのためにならなくてもいい
やりたいときにやればいい

Q265

行ってみたい未来は何年後ですか？

私

相手

例 5年後

Q266

未来に行って何をしますか？

私

相手

例 書店で自分の絵本が置かれているのを確認する

Q267

未来のためにできることは？

私

相手

例 執筆する

Future

結果を変える方法

目の前にある
結果を変えようと
頑張るよりも
行動を変えること
今まで自分が
してこなかったことを
続けていれば
おのずと結果は変わる

Q268
避けたい未来は？

私

相手

例 歩けなくなること、志望校に落ちる

Q269
最も望む未来は？

私

相手

例 お金の心配をせず何事もなく幸せに過ごす

Q270
今後、最も期待していることは？

私

相手

例 自分の可能性、子供の成長

+ Future +

それでも生きる

はじまったときから
終わりに向かっていて
手にした喜びも
未来への希望も
楽しい思い出さえ
すべて失う日がやってくる
それでも生きて
前を向いて歩むのが
人生である

Q271

何歳まで生きたいですか？

私

相手

例 100歳

Q272

死ぬまでに行きたい場所はどこですか？

私

相手

例 富士山、アメリカのオレンジカウンティ

Q273

死ぬまでにやりたい3つのことは？

私

相手

例 絵本の制作、子供を自立させる、海外移住

Future

素敵になる

歳を重ねると
言い訳がうまくなり
新しいことを避けてしまう
悩むくらいなら動き出すこと
違うと思ったらすぐにやめること
続けられるものを見つけて
楽しもうとすること
自ら動ける人は
どんどん素敵になる

Q274

歳をとる前にしたいことは?

私

相手

例 結婚、出産、体づくり

Q275

歳をとってもしたいことは?

私

相手

例 テニス、誰とでも対等に接する、俳句

Q276

歳を重ねることでよいことは?

私

相手

例 経験から判断できる、無駄なく動ける

+ Future +

歳だから
行動できないのではなく
歳だと思うから
行動できなくなる
年齢は関係なく
動くかどうか

Q277
どんな80歳になっていると思いますか？

私

相手

例 シンプルな暮らしをしている、子供が独立して好きなことをしている

Q278
80歳のあなたから今のあなたに言いたいことは？

私

相手

例 無理はしないように、1つのことに集中した方がいい

Q279
老後に向けて準備していることは？

私

相手

例 なるべく物を減らす、肌のケア、エンディングノートを書いている

Future

祖父母の心得7か条

お金を出しても
口は出さないように
自分の常識を
押し付けないように
無理して引き受けて
面倒を見ないように
今と昔の違いを知り
他の子どもや親と比べず
なるべく見守り
身をもって老いることを
教えるだけ

Q280
1年に1回したいことは？

私

相手

例 すき焼きを食べる、お墓参り

Q281
毎月したいことは？

私

相手

例 髪を切る、お笑いライブに行く

Q282
毎日したいことは？

私

相手

例 SNS更新、ラジオ体操

Future

昨日の自分は
今日の自分を裏切らない
どんなに可能性が少ないことも
日々の積み重ねによって
成し遂げられる

Q283
一生続けたいことは？

私

相手

例 五行歌、フラダンス

Q284
今日から毎日続けてみたいことは？

私

相手

例 SNS更新、筋トレ

Q285
思い切った行動をするとしたら何をしますか？

私

相手

例 仕事を辞める、離婚する

Future

人生を変えたいなら
自分を信じなさい
人生を変えたいなら
幸せに気づきなさい
人生を変えたいなら
動き続けなさい

Q286
今まで許してきたことは?

私

相手

例 悪口を言われること、義理の母の小言

Q287
絶対に許せないことは?

私

相手

例 時間を守らないこと

Q288
どうしても認めたくないことは?

私

相手

例 努力は報われない、上司の給料

Preferences

聞かれてもないのに
自分の話をしなければ
人に好かれる
言われてもないのに
自分から動けば
人に頼られる

Q289

あなたが信じたいことは？

私

相手

例 努力が実る、自分の可能性、占い

Q290

あなたが譲れないことは？

私

相手

例 お金の使い道、帰宅したら足を洗う

Q291

あなたが思い込んでいることは？

私

相手

例 歳をとったらできないことがある

Preferences

自分の居場所が
たくさんあると
心は安定する
自分のこだわりが
たくさんあると
心は不安定になる

Q 292

もう二度としないことは?

私

相手

例 二度寝、寝る前にアイスを食べる、出向

Q 293

疑問に思うことは何ですか?

私

相手

例 相手の気持ち、日本の政治

Q 294

あなたがこだわらないことは?

私

相手

例 細かいチェック、服装

Preferences

心を広くする6か条

自分の都合ばかり優先せず
正しいと思い込まず
他人の考え方に
興味を持とうとし
ささいなことで怒らない
自分が傷ついても
誰かを傷つけず
相手ではなく
自分を変えようとすれば
心は広くなる

Q295
人生において一番大切にしていることは？

私

相手

例 健康、コミュニケーション

Q296
この世で一番欲しいものは？

私

相手

例 知名度、安心

Q297
あなたにとって宝物は？

私

相手

例 家族、経験

Preferences

今のままで十分

欲しいものを
すべて手に入れても
人は満足しない
すぐに他のものを
欲するようになる
欲に振り回されないためには
今のままで十分と思うこと

Q298

今の幸せを点数にすると100点中何点ですか？

私

相手

例 90点

Q299

幸せについて満点ではないとしたらその理由は？

私

相手

例 お金の不安がある

Q300

最近見つけた幸せは？

私

相手

例 ふるさと納税返礼品、子供が話し始めた

Happiness

人のいいところを
いっぱい見つけると
幸せになる
人の悪いところを
いっぱい見つけると
不幸になる

Q301
朝、幸せだと感じるときは？

私

相手

例 白湯をゆっくり飲んでいるとき

Q302
夜、幸せだと感じるときは？

私

相手

例 疲れて布団に入る瞬間

Q303
感謝したい幸せとは？

私

相手

例 今、健康でいること

Happiness

幸せになれる

心や体を壊してまで
誰かのために生きないように
無理してまで一緒にいないように
逃げたいと思うのは
弱いからではなく自分を守るため
あなたが幸せに生きることで
幸せになる人がいる
いつでも離れられる
いつでもやり直せる
あなたは幸せになれる

Q304

あるだけで幸せになるものは？

私

相手

例 健康、猫、花

Q305

どんな人といると幸せですか？

私

相手

例 ポジティブな人、よく笑う人

Q306

何をしているときに幸せを感じますか？

私

相手

例 健康でいられるとき、子供を眺めているとき

Happiness

人に迷惑をかけないように
生きるより
人に喜んでもらおうと
生きていると
幸せに過ごせる

Q307
どのようにして人に幸せを与えていますか？

私

相手

例 言葉、レッスン

Q308
人に与えてもらった幸せは何ですか？

私

相手

例 お礼のコメント、今生きていること

Q309
幸せとは？

私

相手

例 自分の心の中にあるもの、安心を与えてくれる

Happiness

幸せになる人

うまくいかなくても
「そういう時もある」と考え
思い通りにならなくても
「まいっか」と言い
自分がうまくいかなくても
まわりに「大丈夫」と声をかけ
少しでもうまくいけば
「よくやった」と自分を褒めて
何度失敗しても
「次に頑張ればいい」と
前を向いている人が幸せになる

2 章

「YOU」
相手について考える

Q310
相手に感謝していることは？

私

相手

例 頼りにしてくれる、わがままを聞いてくれる

Q311
相手のかわいいところは？

私

相手

例 笑顔、ツンデレなところ

Q312
相手にわがままを言うとしたら？

私

相手

例 返信は早くしてほしい、1人でいさせてほしい

Partner

愛される人

「手伝おうか」と言われたら
何も言わずに甘えて
率先して動いてくれたら
「ありがとう」と言い
楽しそうに話していたら
「うんうん」とうなずき
自慢げに話していたら
「すごいね」と言う
心からできれば
あなたから離れない

Q313
相手に謝りたいことは？

私

相手

例 きつい メッセージを送ってしまった、借りパク

Q314
相手に直してほしいことは？

私

相手

例 遅刻すること、1人で頑張るところ

Q315
相手に望むことは？

私

相手

例 幸せになってほしい

Partner

相手の嫌なところばかり
見え始めたら
相手に近づきすぎか
自分に余裕がないか
ほどほどの距離を保つこと

Q316

相手から褒められたところは?

私

相手

例 声、料理

Q317

相手の褒めたいところは?

私

相手

例 行動力がある、前向きなところ

Q318

相手に認めて欲しいところは?

私

相手

例 自分なりに譲歩している

Partner

手放したくない人

あなたが短所と
思っているところを
長所と言ってくれて
あなたがまだ気づいていない
自分自身の魅力を
気づかせてくれて
あなたがどうしようもないとき
ただそばで話を聞いて
受け止めてくれる人がいたら
手放さないように

Q319

相手の応援したいところは？

私

相手

例 新しい仕事で結果が出せること

Q320

相手からプレゼントしてもらいたいものは？

私

相手

例 安心、指輪、お寿司

Q321

相手に贈りたいものは？

私

相手

例 好きな気持ち、言葉

Partner

何かしてあげても
期待しすぎないこと
求めすぎないこと
両想いになれるのも
出会えたことも奇跡
自分から手放さないように

Q322
相手の第一印象は？

私

相手

例 背が高い、よく笑っている

Q323
相手のどこが好きですか？

私

相手

例 前向きなところ、目が大きい

Q324
相手の尊敬しているところは？

私

相手

例 行動力がある、まわりの人のために動ける

Partner

好きで一緒にいるにも
お金がかかり
どんなに長く一緒にいても
気遣いは必要で
忘れてはいけないのが
出会ったときの気持ち

Q325
相手との共通点は?

私

相手

例 やるときはやる

Q326
相手が嫌いなもので共感するものは?

私

相手

例 愚痴を言わない

Q327
相手が好きなもので共感するものは?

私

相手

例 韓国ドラマ、ハムスター

Partner

相手の立場になる

相手の目になって
自分の振る舞いを見つめ
相手の耳になって
自分の言葉を聞き
相手の心になって
自分の気持ちを知ろうとする
相手の立場に立って
自分を想像するだけで
見える世界が変わる

Q328
相手と価値観が異なる点は?

私

相手

例 お金の使い方、友達の数

Q329
相手に遠慮していることは?

私

相手

例 もっとカジュアルなお店で会いたい、仕事を再開したい

Q330
相手に我慢していることは?

私

相手

例 時間にルーズ、連絡が遅い

Partner

わがままと思われないよう
自分の望みを
できるかぎり口にせず
我慢していると
いつか別れることになる

Q331
相手に守ってほしいことは？

私

相手

例 待ち合わせ時間、食器をすぐに洗ってほしい

Q332
これだけは相手にしてほしくないことは？

私

相手

例 貯金しないこと、汚い言葉を使うこと

Q333
相手が動きたくなるポイントは？

私

相手

例 少しずつ依頼する、良いところを褒める

Partner

人を動かす４か条

否定されると
反論したくなるから
言い方に気をつけ

期待されると
応えようとするから
言葉にして伝えて

相手に興味を持ち
長所を見つけようとし
些細なことでも
心から褒めていれば
人を動かせる

Q334

相手に言わなくてもいいことは?

私

相手

例 仕事について、早くして!

Q335

相手にかけた方がいい言葉は?

私

相手

例 あなたならできる、ありがとう

Q336

相手から言われてうれしかった言葉は?

私

相手

例 さすが、一緒にいて楽しい

Partner

想いがあるなら

言葉は何のためにあるのか
誰かを傷つけるために
言葉があるのではない
大切な人に想いを伝えるために
誰かを喜ばせるために
言葉だけでは伝わらない想いもあるけど
言葉で伝えないと伝わらない想いもある
どんなにつたない言葉でも
たった一言だとしても
想いがあるならきっと伝わる
言葉はまるで雪のように
あっという間に消えてしまうけど
想いがあるなら
ずっと心の中を灯し続ける

Q337
相手に対して諦めていることは？

私

相手

例 朝起きるのが遅いこと、すぐ仕事をやめること

Q338
相手のために自分のどこを変えられますか？

私

相手

例 お店選び、服装、起床時間

Q339
相手が喜ぶことをするとしたら？

私

相手

例 お寿司屋さんへ連れていく、感謝の気持ちを言葉で伝える

Partner

恋愛男女の違い

察するのが苦手なのが男性
説明するのが苦手なのが女性
大事なことを忘れるのが男性
いつまでも覚えているのが女性
頼りにされたいのが男性
大切にされたいのが女性
安心すると浮気するのが男性
不安になると浮気するのが女性
一人で抱え込むのが男性
みんなでシェアするのが女性
想いを行動で伝えるのが男性
想いを言葉で伝えるのが女性
違いを認めれば関係は続く

Q340
相手についてもっと知りたいことは？

私

相手

例 相手の家族、今までの恋愛、好きなこと

Q341
相手に一番してあげたいことは？

私

相手

例 話を聞く、信じる

Q342
今、相手に伝えたいことは？

私

相手

例 自分をもっと大切にしてください

Partner

寄り添うだけ

本当に悩んでいる人に
「頑張れ」と言わないように
本当に不安な人に
「大丈夫」と言わないように
本当に落ち込んでいる人に
「元気出して」と言わないように
アドバイスなんていらない
慰めなんていらない
自分の物差しだけで
判断しないように
そばにいて寄り添うだけでもいい

3 章

「WE」ふたりについて考える

Q343

なぜふたりは出会ったのですか？

私

相手

例 SNS、大学のサークルが一緒、小学校の同級生

Q344

思い出すと笑えるふたりの思い出は？

私

相手

例 お店選びでケンカしたこと、子供にお年玉を渡したら少ないと言われたこと

Q345

一緒にいて気が合うと感じるところは？

私

相手

例 色々なことにチャレンジする

The two of you

いい出会い

なぜか共通点が多く
どこか懐かしさを感じて
家族と同じ印象を受ける
何となく雰囲気が似ていて
初対面でも話すのが楽で
未来のイメージが
頭に思い浮かぶなら
いい出会い

Q346
一緒に取り組んでみたいことは？

私

相手

例 テニス、ヨガ、ピラティス

Q347
一緒にいて学んだことは？

私

相手

例 計画通りに動かなくてもいい

Q348
一緒にいて変わったことは？

私

相手

例 自分の意見を押し付けなくなった

The two of you

一緒にいる

1日だけ一緒にいたいなら
相手を優先すること
1か月一緒にいたいなら
相手に合わせること
1年一緒にいたいなら
相手を受け入れること
一生一緒にいたいなら
自分にウソをつかないこと

Q349
連絡頻度はどれくらいがいいですか?

私

相手

例 週1回くらい、毎日

Q350
ふたりで何度でもしたいことは?

私

相手

例 感謝の気持ちを述べる、スキンシップ

Q351
一緒にいるときに気をつけたいことは?

私

相手

例 相手が大切にしているものを否定しない、会っているときはスマホを見ない

The two of you

やらなくていい

必要としていないことを
やらないように
頼まれていないことを
やらないように
よかれと思って
やらないように
相手のためと思って
やらないように
助けてあげようと思って
やらないように
自己満足にならないよう
何を求めているか考えること

Q352
本当はもっと話したいと思うことは？

私

相手

例 今後について、子供の将来

Q353
本当はもっと一緒にしたいと思うことは？

私

相手

例 コミュニケーション、ランチ

Q354
どちらが長生きしますか？その理由は？

私

相手

例 わたし。暴飲暴食をしないから

The two of you

結婚の教え

たとえ結婚しても
手に職をつけなさい
いくつになっても
打ち込める仕事を持ちなさい
自分で稼いだお金は貯めておき
いつでも自立できるように
どんなに好きで結婚しても
別れることもある
どんなに愛していても
突然目の前から
いなくなることもある
何が起こるかわからないのが人生
生き抜けるように

Q355

理想のカップル・夫婦は誰ですか？

私

相手

例 両親、ヒロミさんと松本伊代さん

Q356

理想のカップル・夫婦の条件とは？

私

相手

例 相手のことを尊重する、会話が多い

Q357

幸せな結婚のために必要なことは？

私

相手

例 生活感が一致するか、相手の親との相性

The two of you

別れる夫婦の特徴

奥さんから
何も言われないと
大丈夫だと思うのが旦那
不満があるのに
察することを期待し
何も言わないのが奥さん
話し合えない夫婦は
いつか別れることになる

Q358
ふたりにとって大切な時間は？

私

相手

例 月1回のデート、たわいもないことを話しているとき

Q359
ふたりにとって最高のイベントとは？

私

相手

例 初デート、結婚式、クリスマスパーティー

Q360
ふたりでどのようなことにお金を使いたいですか？

私

相手

例 子供の教育、旅行、食事

The two of you

嫌がることをしない

好きだからといって
仲良くなりたいからといって
すべて話さなくていい
何でも言い合える関係で
なくてもいい
何を話すかよりも何を話さないか
何を聞くかよりも何を聞かないか
お互いに嫌がることをやめれば
関係は続いていく

Q361
一緒にいて幸せを感じるときは?

私

相手

例 おいしいものを一緒に食べているとき

Q362
ふたりで誰を幸せにしますか?

私

相手

例 両親、子供、学生

Q363
もしも別れるとしたら何が原因ですか?

私

相手

例 お金の価値観が違う、勘違い

The two of you

一緒にいて疲れるのは
自分の話ばかりする人
一緒にいて楽しいのは
好きなことが一緒な人
一緒にいて幸せなのは
いつも感謝を忘れない人

Q364
ふたりとも幸せになるには何が必要ですか？

私

相手

例 お金、譲れることは譲る

Q365
これから先どんな関係でいたいですか？

私

相手

例 気兼ねなく話せる

Q366
もっといい関係でいるには何をしますか？

私

相手

例 もっと相手について知る

The two of you

ずっと
好きでいてくれる
魔法はない
日々の積み重ねだけ

著者略歴

たぐちひさと

Instagram、TikTokなどで仕事、家族、人生をテーマとした言葉を綴り、SNS総フォロワー数100万人。著書に『20代からの自分を強くする「あかさたなはまやらわ」の法則』（三笠書房）、『そのままでいい』『キミのままでいい』（ディスカヴァー・トゥエンティワン）、『きっと明日はいい日になる』（PHP研究所）、『もうやめよう』（扶桑社）、『もっと人生は楽しくなる』（ダイヤモンド社）、『ありのままの私を好きになる366の質問』（SBクリエイティブ）など累計80万部以上。

Instagram
(yumekanau2)

TikTok
(yumekanau2)

ありのままの私《わたし》で 人づきあいが楽《らく》になる366の質問《しつもん》

2023年 6 月18日　初版第1刷発行
2024年 4 月17日　初版第3刷発行

著　者　たぐちひさと

発行者　出井貴完

発行所　SBクリエイティブ株式会社
〒105-0001　東京都港区虎ノ門2-2-1

装　丁　西垂水 敦・内田裕乃（krran）
本文デザイン　荒井雅美（トモエキコウ）
装　画　宮下 和
D T P　株式会社RUHIA
編　集　杉本かの子（SBクリエイティブ）
印刷・製本　三松堂株式会社

本書をお読みになったご意見・ご感想を
下記URL、または左記QRコードよりお寄せください。

https://isbn2.sbcr.jp/21155/

落丁本、乱丁本は小社営業部にてお取り替えいたします。定価はカバーに記載されております。本書の内容に関するご質問等は、小社学芸書籍編集部まで必ず書面にてご連絡いただきますようお願いいたします。

ISBN978-4-8156-2115-5